Wolfgang Holzwarth

„Wie kann ich mein Kind am besten auf die Schule vorbereiten?"

oder

„Ist mein Kind gut auf die Schule vorbereitet?"

Orientierung und Tipps
für Eltern

Illustrationen
von Misa Ishibashi

Waldstraße 29
70597 Stuttgart
Fax 089/2443-25740

Herstellung: Books on Demand

ISBN 3-8311-1288-6

**Für alle
Mädchen
und
Jungen,
die in
die Schule
kommen**

Über den Autor

Wolfgang Holzwarth, Jahrgang 1955, verheiratet und Vater von drei Kindern ist Diplom-Pädagoge und Grundschullehrer. Er arbeitete zunächst zehn Jahre an einer Brennpunktschule in Stuttgart. Dann lebte und lehrte er einige Jahre in Japan. Seit 1995 unterrichtet er wieder an einer Grundschule in Stuttgart. An beiden Stuttgarter Schulen übernahm er die Kooperation zwischen Grundschule und Kindergärten.

Über die Illustratorin

Misa Ishibashi, Jahrgang 1972, ist Diplom-Pädagogin und arbeitete als Grundschullehrerin in Japan.
Zur Zeit studiert sie in Stuttgart, um Waldorflehrerin zu werden.

Vorwort

Liebe Eltern,

wenn die Schulanmeldung bevorsteht, rückt ein neuer Lebensabschnitt für ihr Kind näher. Oft ist Neues mit großer Erwartung und gleichzeitig gewisser Unsicherheit verbunden.
So auch im Falle des Schulanfangs:
Ist die Schule die neue Herausforderung, auf die sich ihr Kind zu Recht freut? Oder wird die Schule mit ihren Anforderungen ihr Kind überfordern und will es deshalb nicht zur Schule? Sollte es lieber noch ein Jahr warten? Muss es spezielle Förderung erhalten?
Wenn dieses aus der Praxis entstandene Büchlein für solche Überlegungen Orientierung und für die Entwicklung der Fähigkeiten, die in der Schule gebraucht werden, Tipps bieten kann, dann erfüllt sich sein Zweck.

Stuttgart, im Dezember 2000 Der Autor

I. Allgemeine Überlegungen

Hinter allen Überlegungen der Eltern - seien sie eher erwartungsvoll oder eher von Ängsten geprägt - hinter allen Fragen steht der Wunsch, dass die Kinder in der Schule gut mitkommen und sie oder/und die Eltern keine Probleme bekommen.

Dieses Buch will
- die Voraussetzungen zum Schuleintritt nennen,
- konkrete Möglichkeiten aufzeigen, wie sich feststellen lässt, ob die Voraussetzungen zur Einschulung erfüllt sind
- und wie im Zweifelsfalle verfahren und geübt werden kann.

Dies geschieht auf dem Hintergrund folgender Grundgedanken:

* Das Kind, der Lehrer, seine Mit-

schüler und die einzelne Schule lassen jedes Kind den Schuleintritt anders erleben.

* Deshalb kann es keinen allgemein gültigen Katalog eindeutiger Mindestvoraussetzungen geben.
* **Ein durchschnittlich entwickeltes Kind braucht keine speziellen Übungen zur Vorbereitung auf die Schule.**
* Haben Eltern, Kindergarten, Gesundheitsamt oder andere Bedenken, ob das Kind den schulischen Anforderungen gerecht werden kann, dann müssen Fördermaßnahmen erwogen werden. Neben den Möglichkeiten der Zurückstellung um ein Jahr und dem gleichzeitigen Eintritt in die Grundschulförderklasse, Schulkindergarten oder Vorklasse (Bezeichnungen sind je nach Bundesland verschieden),

dem Besuch einer Förderschule, einer psychologischen Behandlung o.ä. liegt es nahe, dass sich die Eltern ausgiebig mit dem Kind beschäftigen und die Voraussetzungen für den Schuleintritt sichern.

* Diese Voraussetzungen sind allgemeine Fähigkeiten und Fertigkeiten. Sie enthalten nicht Lesen, Schreiben oder Rechnen, was die Schule ja erst vermitteln will. (Lehrer sind trotzdem darauf vorbereitet, dass es auch Kinder gibt, die schon vor der Schule lesen oder rechnen können und versuchen, auch ihnen bestmöglich gerecht zu werden.)

Im Folgenden wird versucht, das komplexe Phänomen Schulfähigkeit (oder Schulreife) in Einzelteile aufzugliedern. Dies führt zwangsläufig zu einer langen Liste, und man kann nur staunen, wie eine gesunde Entwicklung dies alles vollbringt.

Es werden die Faktoren der Schulfähigkeit aufgelistet und Beispiele und Anregungen gegeben, wie diese Fähigkeiten und Fertigkeiten - falls sie nur schwach ausgebildet sind - trainiert werden können.
Bei jedem Kind sind diese in unterschiedlichem Maße ausgeprägt.
Defizite in einem Bereich können natürlich durch Stärken auf einem anderen Gebiet ausgeglichen werden.
Schwächen auf mehreren Gebieten bedeuten nicht unbedingt totalen Schiffbruch in der Schule; doch zur Lösung von Schwierigkeiten werden

• Kind, Eltern und Lehrer

gemeinsamer Anstrengung bedürfen.

II. Die einzelnen Faktoren

1. Neugier/Wissensdrang

- Bekräftigung durch die Eltern; wenn das Kind z.B. einen Vogel beobachtet, nicht stören, sondern auch still schauen.

- Interesse zeigen, Neugier teilen.
- Unterstützung angedeihen lassen, wenn Kind etwas Neues ausprobieren will.
- Kind und seine Fragen ernst nehmen.
  Eltern sollten sich über die Fragen ihrer Kinder freuen und versuchen, Antworten zu finden oder gemeinsam zu suchen - auch bei endlos scheinenden Warum-Fragekettten.
- Ggf. Interesse wecken; etwa so: „Sollen wir mal das Getreidekorn in die Erde legen und beobachten, was draus wird?“ Solche Anregungen geben in Bereichen, denen gegenüber das Kind aufgeschlossen ist.

2. Genaue Wahrnehmung

- Akustisch

- Als Spiel:

- Fahrzeuge am Motorengeräusch erkennen (Hubschrauber, Lastwagen, Moped, Diesel etc.).

- Vogelstimmen unterscheiden.
- Am Schritt hören, wer im Treppenhaus hinuntergeht.

- Musikinstrument aus Konzert-
  stück heraushören.

- O p t i s c h

•Zwei gleiche Dinge (Steine, Äpfel, Schokoladetafeln, Kassetten, Bleistifte, Barbiepuppen, Gläser etc.) mit minimalen Unterschieden auseinander halten.

•Spiele, z.B. Bandolino oder 'Original und Fälschung'.

-- F a r b e n

•Farben von Legosteinen oder vorbeifahrender Autos benennen (schneeweiß, taxiweiß).

-- F o r m e n

•Rechtecke, Dreiecke und Kreise in der Umgebung finden.

-- L a g e b e z i e h u n g e n

•Mutter: „Du darfst dir das Keks zwischen den Tellern nehmen (neben, unter, auf etc. dem Teller)!”

•Links neben, rechts neben unterscheiden (ohne unbedingt diese Vokabeln zu verwenden).

3. Umgang mit Mengen

- Richtiges Zählen bis 10

•Beim Treppensteigen die Stufen laut mitzählen.

•Mutter in der Küche: „Kannst du mir mal 6 Kartoffeln geben?“ [Sollte das Kind „nein” sagen, das Nein akzeptieren, denn es war ja nur eine Frage; bei der nächsten Gelegenheit dann auffordern: „Gib mir bitte 5 Tomaten!”]

•Oder beim Tischdecken: „Oh, wir brauchen noch Löffel ...”

•Vater auf Spaziergang: „Nach 5 Laternenpfosten trage ich ich dich 10 Schritte auf dem Rücken.”

- Anzahl bis 5 mit einem Blick erfassen

•Spiel: Kleine Anzahl Rosinen unter Teller legen. Kurz hochheben. „Wie viel Rosinen sind unter dem Teller?” Bei richtigem Erfassen gemeinsam verzehren.

4. Denken

•Rätsel vorlesen.
•Rätselspiele: Ich sehe was, das du nicht siehst. Es ist gelb und schmeckt sauer.
Kind stellt hierbei auch selbst Rätsel.

5. Sprache

- Allgemein

•Mit dem Kind viel reden und bereden.
•Altersgemäße Bücher vorlesen.

- mit Fremden sprechen können

•Behutsam trainieren; gelungene Ansätze loben, Fehlschläge ignorieren.

- Bei Bekannten mit Augenkontakt

•Gutes Vorbild sein. Darauf achten.

Darum bitten.

- Verständliche Aussprache

•Gutes Vorbild sein. Darauf achten. Darum bitten. Kein Tadel; dieser hemmt die Sprechlust. Allenfalls: „Ich konnte dich leider noch nicht verstehen."

- In angemessener Lautstärke

•Im Wald über große Entfernungen miteinander kommunizieren.

- Satzbildung

• Kleine Nebensätze mit Konjunktionen (weil, aber, sondern, oder, denn) verwenden.
Rolf sagt z.B.: „Thomas war heute nicht im Kindergarten. Thomas hat Halsweh." Die Mutter/Der Vater sagt (ohne Kritik, denn diese würde ja den eigentlichen Gedankenaustausch sehr

stören), quasi als Rückmeldung für Rolf, dass sie/er die Mitteilung richtig verstanden hat: „Ah, Thomas war heute nicht im Kindergarten, weil er Halsweh hat."

- Richtige Grammatik

•So ist auch bei grammatischen Fehlern zu verfahren: Ohne besonders auf den Fehler zu verweisen, was die Kommunikationsfreude untergraben würde, den richtigen Satz vorgeben. Z.B. Eva: „Mama hat heute mit Straßenbahn gefahrt." Dann der Papa: „Ja, Mama ist heute mit der Straßenbahn gefahren."

- Wortschatz

•Geschichten vorlesen (passiver Wortschatz) und darüber sprechen (aktiver Wortschatz).
•Dinge und Sachverhalte genau benennen.

Der Papa sagt z.B. nicht: „Das Fahrrad ist kaputt“, sondern besser:„Die Kette ist aus dem hinteren Zahnrad herausgesprungen.” Oder die Mutter: „Ich gehe jetzt in den Garten, um Unkraut zu jäten und schwarze Johannisbeeren zu pflücken” anstatt nur „Ich arbeite jetzt im Garten.”

- Sprachverständnis

•Spiel: Komplexere Anweisungen aufs erste Mal erfassen, z.B. „Kannst du mir einen blauen Filzstift und 2 Bögen Konzeptpapier von meinem Schreibtisch holen?” Oder: „Bitte bringe 5 Kuchengabeln und 3 Teelöffel!“

•Kind in Erwachsenenunterhaltung miteinbeziehen; auf Fragen, was etwas bedeute, Auskunft geben.

- Ausdrucksfähigkeit

•Kind 'liest' Eltern Bilderbuch 'vor'. Die Eltern hören aufmerksam zu; bei inhaltlichen Unklarheiten nachfragen, etwa: „Mir ist noch nicht klar, wo jetzt der Bär ist."

•Gewöhnen an Sprechen über Erlebnisse.

6. Gedächtnis

•Über vorgelesene Geschichte nach ein oder zwei Tagen sprechen. Geschichten nacherzählen lassen; bei Bedarf helfen.

•Am Abend Tagesablauf schildern lassen.

•Spiele wie z.B. Memory.

•Kind soll an etwas denken müssen, z.B. vor dem Mittagessen das Küchenfenster weit zu öffnen und nach der Mahlzeit wieder zu schließen. [Wenn das Kind daran gedacht hat, gibt es als Anerkennung zum Vesper Butterbrot mit Aufstrich nach Wahl des Kindes, wenn es den Auftrag vergessen hat, gibt es 'nur' Butterbrot.] Aufgabe nach einigen Tagen ändern. (Diese Übung ist auch für Eltern eine gute Schulung.)

7. Motorik

- Auf Brett balancieren.
- Mit Bleistift Linien genau nachfahren.
- Sorgfältiges Ausmalen von Bildvorgaben.

•Mit Streichhölzchen Turm bauen.
•Pünktliche Faltarbeiten.
•Klebstoff richtig benützen - nicht zu viel und nicht zu wenig.
•Jeglicher Sport.

•Exaktes Ausschneiden.

•Gewöhnen an mehr sitzende Tätigkeit. Danach Ausgleich schaffen.
•Basteleien in einem Schwierigkeitsgrad, der das Kind herausfordert, aber nicht über- oder unterfordert; dann macht es Spaß.
•Spiele, z.B. Mikado.

8. Anstrengungsbereitschaft

•Vorbild sein.
•Sich gemeinsam anstrengen.

•Spaß an Anstrengung bewusst machen.
•Ansätze loben - unabhängig vom Ergebnis des Einsatzes.

9. Ausdauer/Durchhaltevermögen

•Spiele zu Ende spielen, z.B. Puzzle erst weglegen, wenn es fertig ist; oder wenn es sehr viele Teile hat, wirklich über Tage (jeweils für begrenzte Zeit) dranbleiben.

•Bilderbuch bis zum Schluss an gucken.
•Tisch ganz abräumen, alle Sachen in Küche tragen.
•Mandala so ausmalen, dass nichts mehr weiß bleibt.

10. Selbstvertrauen

•Selbstvertrauen wächst am besten auf der Grundlage unverbrüchlicher Liebe durch die Eltern.
•Echt an das Kind und sein Leistungsvermögen glauben.
•Ggf. eigene Bedenken und Ängste gegenüber der Schule nicht auf Kind übertragen, auf keinen Fall ihm sprachlich mitteilen oder in seiner Anwesenheit mit Verwandten oder Bekannten Zweifel äußern.
„Wie Sascha mit seiner Schusseligkeit in der Schule zurechtkommen will, ist mir ein Rätsel." Oder: „Wenn Susi in die Schule kommt, wird sie ihr blaues

Wunder erleben; da wird sie den Mund mal halten müssen.” Solche Bemerkungen sollten Eltern sich verkneifen.

- Sie sollten Erfolge des Kindes hervorheben und Fehlleistungen auch mal übergehen.
- Dem Kind über evtl. Ängstlichkeit hinweghelfen.
  [Ängstlichkeit, z.B. gegenüber der Schule, ist oft Ausdruck der Einstellung der Eltern. Da ist es hilfreich, wenn die Eltern sich mit ihren eigenen Erwartungen, Ängsten und Erfahrungen hinsichtlich Schule auseinandersetzen. Was für Erwachsene ein Problem ist, ist oft für Kinder keines. Die positive Haltung gegenüber der Schule übernimmt das Kind gerne.]
- Mut machen, Schwellenangst zu überwinden.
- Gelegenheiten bieten, wo das Kind sich unter Unbekannten behaupten muss.
- Dazu ermutigen, Fragen zu stellen,

z.B. „Wo ist denn hier die Bubentoilette?" Die Gewissheit, fragen zu können, verleiht ein Stück weit Sicherheit gegenüber neuen Situationen.

11. Selbstständigkeit

- An-/Aus-/Umziehen

•Kind wählt selbst Kleidung und zieht alles alleine an, bindet auch selbst die Schuhe.

- Räumliche Orientierung

•Kind findet z.B. bei der Tante oder Oma alleine auf die Toilette.
•Weg zu bestimmtem Ziel des Familienspaziergangs zeigt Kind.

- Hygiene

•Kind wäscht sich ohne Aufforderung die Hände vor dem Essen, wenn sie schmutzig sind.

- Unabhängigkeit von Zuwendung

•Kind muss sich auch mal eine halbe Stunde alleine still beschäftigen - ohne Zuwendung oder Rückmeldung durch die Eltern.

- Selbstkontrolle

-- Verkraften eines Misserfolgs

•Bei Spielen verlieren üben, d.h. es wird nach Regeln gespielt ohne Ausnahmen oder Sonderfälle.

•Bewusst machen, dass nicht jeder bei allem der Beste sein kann.

-- Sich selbst richtig einschätzen

•Realistische Sicht praktizieren.

-- Unterscheiden von Wirklichkeit und Phantasie

•Papa: „Ja, so wäre es am allerschönsten, doch wie ist es wirklich?"

-- Kind kann seine Wut beherrschen

•Empfehlung: Wut annehmen, sie spüren und trotzdem niemandem schaden!

--Bedürfnisaufschub

•Michael hat z.B. Durst. Seine Mama: „In einer Viertelstunde trinken wir ein Apfelsaftschorle."

•Kind kann Gang zur Toilette hinausschieben.

•Regel am Esstisch: Erst mit Essen beginnen, wenn die ganze Familie am Tisch sitzt. Erst vom Esstisch wieder aufstehen, wenn Kind fertig gegessen hat. [D.h. also, wenn das Kind aufgestanden ist, ist seine Mahlzeit beendet. Es kriegt dann bis zum Vesper nichts mehr.]
Sonntags erst vom Tisch aufstehen, wenn alle fertig gegessen haben.

- - K o n z e n t r a t i o n

•Vorbild sein. Z.B. Veronika: „Papa, guck mal!" Vater: „Es interessiert mich, mein Schatz, was du gemacht hast. Ich schreibe nur den Brief zu Ende, dann komme ich und gucke gern!"

Das Imitationslernen ist bei Kindern stark ausgeprägt. Also sollen die Erwachsenen sich auch auf ihre Tätigkeit konzentrieren.

•Bei gemeinsamen Spielen weitermachen, auch wenn Ablenkung da ist.

•Übung: Klavierton (oder andere Tonquelle nehmen) anschlagen und dem Ton lauschen, bis er ganz verklungen ist.

•Spiele, die Konzentration verlangen, z.B. Kommando Bimberle oder Mikado.

12. Verhalten in der Gemeinschaft

•Vorbild sein in der Gruppe der Familie.

- Rücksicht

•Üben, sich in andere hineinzuversetzen.

- Individualität zugunsten Gruppeninteresse zurückstellen

•Im familiären Rahmen daran gewöhnen, z.B. zusammen singen, d.h. gleich schnell und gleich laut wie die anderen.

- Konfliktfähigkeit

•Üben, ohne Handgreiflichkeiten zu Kompromissen zu finden.

- Regeln, auch ohne Aufsicht, einhalten

•Etwa folgende Regeln:
- Ins Schlafzimmer gehen wir nur in Hausschuhen.
- Wir trennen in unserem Haushalt den Müll nach Sorten (Papier, Altglas, gelber Sack, Biomüll, Rest,...).

- Tischsitten

- Viele Kinder in der Pause

•Pausenhof-Situation mental trainieren (Lärm und Menschenmassen).

- Mittelmaß von Nähe und Distanz zu Lehrkraft

•In der Familie auf Nähe und Distanz zu Besuchern achten.

- Ordnung halten

•Spiele selbst an ihren Platz aufräumen.

•Für Ordnung in einem bestimmten Bereich im Haushalt ist das Kind selbst verantwortlich.

- Schonende Behandlung von Dingen

•Wenn ein Spielgerät wegen unachtsamer Behandlung kaputt geht, wird es nicht ersetzt.

- Zuhören können

•hören - horchen - gehorchen
•Still sein und Information aufnehmen: Mal vereinbaren, Fernsehsendung still anzuschauen und erst danach Kommentare zu geben.

- Warten können

•Kind in Warteschlange vor der Kasse im Supermarkt mit einreihen.

•Vorgelesene Geschichte oder ein Video in spannendem Augenblick abbrechen und erst am nächsten Tag fortsetzen.
•Spiele, bei denen man warten muss.

- Respektierung fremden Eigentums

•Vater: „Diese Schublade meines

Schranks darfst du nicht alleine öffnen!"

III. Schlussbemerkungen

In der Regel freuen sich Kinder, nun bald zu den Schulkindern zu zählen. Für die meisten sind weder Angst noch dauerhafte Euphorie angezeigt.
Die überwiegende Mehrheit der Grundschüler geht einfach gern - und das auf Dauer - in die Schule.

Die Eltern sollten die Aufregung und den Zauber des Neuanfangs mit ihrem Kind zusammen genießen, selbst auch eine positive Haltung gegenüber der Institution Schule einnehmen und eine zuversichtliche Einstellung zum Schulbesuch ihres Kindes ausstrahlen.

In den Wochen vor Schuleintritt ist es sinnvoll, das Kind an das frühere Aufstehen und das damit verbundene frühere Zubettgehen zu gewöhnen. Außerdem sollte ihm ein Arbeitsplatz geschaffen werden, wo es in Zukunft

seine Schularbeiten machen kann.
Es ist gut, wenn das Kind seine Adresse und Telefonnummer im Kopf hat.

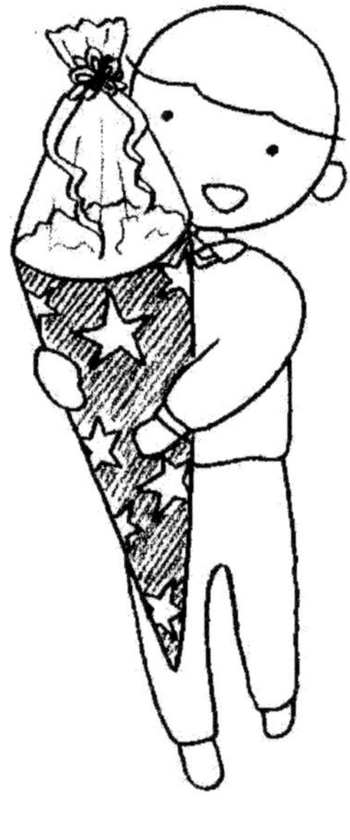

In den Wochen nach Schuleintritt ist es sinnvoll, zusätzliche Belastungen zu vermeiden (Besuch im Erlebnispark, Großeinkauf, Wochenendreise etc.)

und für Ausgleich zu sorgen (Spielen in der freien Natur in bekanntem Revier mit vertrauten Freunden). Das Kind erbringt nach der Einschulung eine große Anpassungsleistung. Oft muss es sich nach der Schule zu Hause erst mal Luft machen. Die meisten Kinder haben schon begriffen, dass 'Ausfälle' in den privaten Bereich gehören.

Am Anfang sollten die Eltern Geduld haben. Ständiges Fragen („Was habt ihr heute gelernt?", „Hast du schon neue Freunde?", „Mit wem spielst du am liebsten in der Pause?" u.ä.) überfordern manche Kinder.
Bei mehrere Tage anhaltenden Schwierigkeiten, Zweifeln oder Fragen jeglicher Art kann ein Gespräch mit der Lehrkraft meist weiterhelfen.
Die Eltern werden bald selbst die vielen kleinen Fortschritte im Erlernen der Kulturtechniken und im Umgang miteinander erkennen und sollten sie an ihren Kindern bewundern.

Das Wichtigste

nun zum Schluss zur Erinnerung:

Das Wesentliche, was ein Kind zu seiner Entwicklung braucht ist Liebe. Eltern sollten daher ihrem Kind immer wieder ausdrücklich ihre Liebe zeigen und mitteilen - und das ganz unabhängig von irgendwelchen Leistungen, Fähigkeiten oder Fertigkeiten, ob es nun in die Grundschulförderklasse, die Förderschule oder die Grundschule kommt oder nicht.

Einen guten Schulanfang !

Danksagung

Viele nette Leute unterhielten sich mit mir über das Thema Einschulung. Es zeigte sich dabei eine Vielfalt von Aspekten. Ich danke allen Eltern, Grundschullehrerinnen, Erzieherinnen und Schulkindern für ihre offenen Auskünfte. Sie lieferten vielfältige Informationen und gaben fundierte Empfehlungen.Ich danke ihnen für die guten Anregungen.

Dank gebührt auch Autoren und Autorinnen, von deren Abhandlungen ich mir handschriftliche Notizen anlegte - schon zu einer Zeit, als ich noch nicht im Sinne hatte, eine Arbeit oder gar ein Buch zu schreiben. Leider können sie deshalb nicht namentlich genannt werden.

Ich danke meiner Tochter Erika (6 Jahre alt), dass sie eine Zeichnung Misas für die Umschlaggestaltung angemalt hat.

Außerdem danke ich Libri für die neue Möglichkeit per 'Book on Demand' veröffentlichen zu können.

INHALTSVERZEICHNIS